C000160609

# Art Déco

アールデコのデザイン ｜ 装饰艺术设计
Дизайны в Арт Деко стиле

The Pepin Press
Agile Rabbit Editions

Amsterdam
Singapore

The Pepin Press BV
P.O. Box 10349
1001 EH Amsterdam
The Netherlands

T +31 20 420 20 21
F +31 20 420 11 52
mail@pepinpress.com
www.pepinpress.com

All images in this book are from
The Pepin Press image archive.

Concept & series editor: **Pepin van Roojen**
Editorial design & image adjustment: **Maria da Gandra &
Maaike van Neck**
Image retouching: **Sander Belou**
Editorial & production supervisor: **Kevin Haworth**

**ISBN 978-90-5768-141-7**

2015  14  13  12  11  10
10  9  8  7  6  5  4  3  2

Manufactured in Singapore

## Contents

Free CD inside the back cover

## CD and Image Rights

The images in this book are stored on the accompanying CD and can be used for inspiration or as a design resource. The files on Pepin Press CDs are sufficiently large for most applications and the file names correspond with the page and/or image numbers in the book. Larger and/or vector files are available for many images and can be ordered from The Pepin Press.

If you bought this book, you can freely use the images on the CD for:
• all private, non-professional and non-commercial endeavours;
• web design using 10 or fewer images per project and/or
• small-scale commercial use (for example: brochures with a print run of fewer than 5000 copies in which not more than 5 of our are used).

Permission is required for the use of the images:
• in other publications,
• for large-scale commercial use,
• for the decoration of luxury goods and/or
• in major advertising campaigns.

If in doubt, please contact us. Our permission policy is very reasonable and fees charged, if any, tend to be minimal. In any event, we welcome examples of work in which our images have been used.

Further distribution of Pepin Press' material in any form and by any means is prohibited.

For inquiries about permissions and fees, please contact:
mail@pepinpress.com
Fax +31 20 4201152

## Art Deco
the great popular style of the twentieth century

Art Deco embraced architecture, furniture, fabrics, stage design, and fashion – even painting. Art Deco designers exploited the popular enthusiasms of the time. The styles of the past were associated with the failures of the past – political and social – which Europe had brought upon itself. These failures culminated in the cataclysmic war of 1914–18. Art Deco was a spontaneous, unconscious, response to the horrors of war. It was a joyous style.

The Art Deco movement took its name from the vast "Exposition Internationale des Arts Décoratifs et Industriels Modernes" held in Paris in 1925. Like its forerunner, Art Nouveau, Art Deco was an eclectic style. It drew inspiration from many sources. Designers borrowed from the pictorial inventions of contemporary avant-garde artists. The exciting colours and unfamiliar themes of the Ballets Russes exerted an especially strong influence. The arts of Asia provided endless sources of form and pattern. Archaeological discoveries encouraged a fascination with Egypt and Ancient, Pre-Columbian, America. And the powerful art of Africa also excited Art Deco designers.

Art Deco was a style for both the elite and for the masses. A jewellery shop in a smart Paris street or a cinema in a dull factory town could be decorated in the same Art Deco style. It should not surprise us that the Post Modernists – with their desire to popularise architecture and design – rediscovered Art Deco in the 1970s and 1980s.

This collection of Art Deco decoration shows a style that is equally adaptable and as enjoyable now as when it was first created.

Stuart Durant

## CD und Bildrechte

Alle Abbildungen in diesem Buch sind auf der beigelegten CD gespeichert und können als Anregung oder Ausgangsmaterial für Designzwecke genutzt werden. Alle Bilddateien auf den CDs von Pepin Press sind so groß dimensioniert, dass sie für die meisten Anwendungszwecke ausreichen. Die Namen der einzelnen Bilddateien auf der CD entsprechen den Seitenzahlen und/oder den Bildzahlen im Buch. Auf Anfrage können Dateien und/oder Vektordateien der meisten Bilder bei The Pepin Press bestellt werden.

Als Käufer dieses Buchs dürfen Sie die Bilder auf der CD kostenfrei nutzen für:
• sämtliche privaten, nicht professionellen und nicht-kommerziellen Anwendungen
• zum Zweck des Webdesign (bis max. 10 Bilder pro Projekt) und/oder
• für kommerzielle Zwecke in kleinem Rahmen (z.B. Broschüren mit einer Druckauflage von max. 5.000 Exemplaren bei einer Nutzung von max. 5 Bildern aus diesem Buch)

Dagegen muss eine Genehmigung eingeholt werden bei der Nutzung der Bilder:
• in anderen Publikationen
• für kommerzielle Zwecke in großem Rahmen
• zur Dekoration von Luxusgütern und/oder
• in Werbekampagnen

In Zweifelsfällen bitten wir Sie, uns zu kontaktieren: Im Normalfall erteilen wir solche Genehmigungen recht großzügig und erheben - wenn überhaupt - nur geringe Gebühren. In jedem Fall freuen wir uns über Arbeitsproben, in denen unser Bildmaterial verwendet wurde.

Darüber hinaus ist jede weitere Verbreitung von Pepin Press-Materialien in jeglicher Form, Art und Weise untersagt.

Für weitere Informationen über Genehmigungen und Gebühren wenden Sie sich bitte an:
mail@pepinpress.com
Fax: +31 20 4201152

## Art Déco
der beliebte Stil des 20. Jahrhunderts

Die Stilrichtung des Art Déco kam in Architektur, Möbeln, Stoffen, Bühnendesign und der Mode, ja sogar in der Malerei zur Anwendung. Art Déco-Designer machten sich dabei die damals vorherrschende Stimmung zunutze. Die früheren Stilrichtungen assoziierte man mit den – politischen und sozialen – Fehlern der Vergangenheit, durch die Europa sich selbst geschadet hatte. Diese Fehler kulminierten von 1914–18 schließlich in einem katastrophalen Krieg. Der fröhliches Stil des Art Déco war eine spontane, unbewusste Antwort auf die Schrecken des Kriegs.

Der Name „Art Déco" leitet sich von der riesigen Pariser Messe des Jahres 1925 ab, der „Exposition Internationale des Arts Décoratifs et Industriels Modernes". Die Stilrichtung des Art Déco war wie schon sein Vorgänger in Form des Art Nouveau ein ungewöhnlicher Stil. Die Designer griffen auf die bildhaften Erfindungen zeitgenössischer Avantgarde-Künstler zurück. Die aufregenden Farben und unbekannten Themen der Ballets Russes übten einen ganz besonders starken Einfluss aus. Auch die asiatische Kunst stellte eine unerschöpfliche Quelle für Formen und Muster dar. Durch archäologische Entdeckungen entstand eine Faszination für Ägypten und das antike, vorkolumbianische Amerika. Aber die Art Déco-Designer begeisterten sich auf für die ausdrucksstarke Kunst Afrikas.

Art Déco war eine Stilrichtung für die Elite ebenso wie für die breite Masse. Es ist daher nicht verwunderlich, dass die Postmodernisten mit ihrem Wunsch, Architektur und Design zu Popularität zu verhelfen, Art Déco in den 1970er- und 1980er-Jahren wiederentdeckten.

Die vorliegende Sammlung von Art Déco-Mustern zeigt eine Stilrichtung, die auf vielfältigste Weise adaptiert werden kann und heute noch genauso ansprechend ist wie zum Zeitpunkt ihrer Entstehung.

Stuart Durant

## CD et droits relatifs aux images

Les images de ce livre sont également incluses dans le CD qui l'accompagne et sont exploitables comme source d'inspiration ou de base à un document. Les fichiers contenus sur les CD de The Pepin Press sont de taille suffisamment grande pour convenir à la plupart des usages et le nom des fichiers correspond au numéro des pages et/ou des images du livre. De nombreuses illustrations sont proposées sous forme de fichiers de taille plus importante et/ou vectorisées, que vous pouvez commander auprès de The Pepin Press.

Si vous avez acheté ce livre, vous pouvez utiliser à titre gratuit les images contenues dans le CD pour :
• tous les usages privés, non professionnels et non commerciaux ;
• la réalisation de sites Web utilisant au maximum 10 images par site et/ou ;
• les usages commerciaux de type artisanal (par exemple : brochures tirées à moins de 5 000 exemplaires et reprenant au plus 5 images).

Une autorisation est nécessaire pour l'utilisation des images :
• dans d'autres publications ;
• pour un usage commercial de grande envergure ;
• pour la décoration d'articles de luxe et/ou ;
• dans le cadre de campagnes publicitaires à grande diffusion.

En cas de doute, veuillez nous contacter. Notre politique d'autorisation est très accommodante et nos frais pratiqués, le cas échéant, sont minimes. Dans tous les cas, nous sommes intéressés de recevoir des exemples de mises en œuvre de nos images.

Toute autre distribution de documents de The Pepin Press sous quelque forme et par quelque moyen que ce soit est interdite.

Pour toute demande de renseignements sur les autorisations et les frais, veuillez contacter :
mail@pepinpress.com
Fax : +31 20 4201152

## Art Déco
le grand style populaire du vingtieme sicle

L'Art déco réunissait l'architecture, le mobilier, le textile, la décoration de théâtre et la mode – sans oublier la peinture. Les artistes de l'Art déco ont exploité l'enthousiasme populaire de leur époque. Les styles du passé étaient associés aux crises du passé – politiques et sociales – que l'Europe avait traversées et qui devaient culminer avec la guerre cataclysmique de 1914–18. L'Art déco fut une réponse spontanée et inconsciente aux horreurs de la guerre. C'était un style joyeux.

Il doit son nom à la grande « Exposition internationale des Arts décoratifs et industriels modernes » organisée à Paris en 1925. L'Art déco, comme son précurseur l'Art nouveau, était un style éclectique qui tirait son inspiration de multiples sources. Ses artistes s'inspirèrent des inventions picturales des artistes contemporains d'avant-garde. Les couleurs alléchantes et les thèmes inconnus des Ballets russes exercèrent une influence particulièrement forte sur l'Art déco. Les arts d'Asie fournirent d'inépuisables sources de formes et de motifs. Les découvertes archéologiques encouragèrent la fascination pour l'Égypte et l'Amérique précolombienne. Le riche art africain ne laissa pas non plus d'enthousiasmer les artistes de l'Art déco.

Ce style, qui s'adressait à la fois aux élites et aux masses, pouvait orner aussi bien une bijouterie dans une rue élégante de Paris qu'un cinéma dans une morne ville industrielle. Rien de surprenant donc si les postmodernistes – et leur désir de populariser l'architecture et le design – ont redécouvert l'Art déco dans les années 1970 et 1980.

La collection d'ornementation Art déco qui suit présente un style adaptable à l'infini tout aussi attirant aujourd'hui que lors de sa création.

Stuart Durant

## O CD e direitos sobre as imagens

As imagens deste livro estão guardadas no CD que o acompanha e podem ser usadas para inspiração ou como recurso de design. Os ficheiros dos CDs da The Pepin Press são suficientemente grandes para a maioria das aplicações e os nomes dos ficheiros correspondem às páginas e/ou aos números das imagens do livro. Para muitas das imagens estão disponíveis ficheiros maiores e/ou vectoriais, que podem ser encomendados à The Pepin Press.

Se comprou este livro, pode usar livremente as imagens do CD para:
• todas as aplicações pessoais, não-profissionais e não-comerciais;
• web design com um máximo de 10 imagens por projecto; e/ou
• utilizações comerciais de pequena escala (por exemplo: brochuras com uma tiragem de impressão de menos de 5.000 cópias em que não sejam usadas mais de 5 das nossas imagens).

Será necessária autorização para a utilização das imagens:
• noutras publicações;
• em aplicações comerciais de grande escala;
• na decoração de artigos de luxo; e/ou
• em grandes campanhas publicitárias.

Em caso de dúvida, contacte-nos. A nossa política de autorizações é muito razoável e o custo debitado, se existir, tende a ser reduzido. Em qualquer caso, recebemos de bom grado exemplos de obras nas quais as nossas imagens tenham sido usadas.

Para além disso, é proibida a distribuição de materiais da The Pepin Press em qualquer forma e por qualquer meio.

Para questões acerca de autorizações e custos, contacte:
mail@pepinpress.com
Fax +31 20 4201152

## Art-Déco
o grande estilo popular do século vinte

A Art-Déco envolveu a arquitectura, o mobiliário, os tecidos, a cenografia e a moda – até a pintura. Os designers da Art-Déco exploravam o entusiasmo popular da época. Os estilos do passado foram associados aos fracassos, políticos e sociais, que a Europa tinha atraído sobre si nesse mesmo passado. Esses fracassos culminaram na fatídica guerra de 1914–1918. A Art-Déco foi uma resposta espontânea, inconsciente, aos horrores da guerra. Era um estilo alegre.

O movimento Art-Déco adquire o seu nome no momento da grande "Exposition internationale des Arts décoratifs et industriels modernes", que teve lugar em Paris, em 1925. A Art-Déco, como a sua antecessora, a Art-Nouveau, era um estilo ecléctico. Bebeu a sua inspiração em muitas fontes. Os designers tomavam de empréstimo as invenções pictóricas dos artistas de vanguarda contemporâneos. As cores excitantes e os temas pouco conhecidos dos Ballets Russes exerceram uma influência especialmente forte. As artes asiáticas ofereciam um manancial inesgotável de formas e padrões. As descobertas arqueológicas alimentavam um fascínio pelo Egipto e pela América Pré-Colombiana. E a pujante arte africana também entusiasmou os designers da Art-Déco.

A Art-Déco era um estilo tanto para as elites como para as massas. Uma joalharia numa elegante rua de Paris ou o edifício de um cinema numa cidade industrial cinzenta podiam ser decorados no mesmo estilo Art-Déco. Não deveríamos ficar surpreendidos pelo facto de o Pós-Modernismo, com o seu anseio de popularizar a arquitectura e o design, ter redescoberto a Art-Déco nos anos 1970 e 1980.

Esta colecção de decorações Art-Déco apresenta um estilo infinitamente adaptável e tão agradável hoje como no dia em que foi concebido.

Stuart Durant

## CD y derechos de las imágenes

Las imágenes que contiene este libro están incluidas en el CD adjunto y pueden utilizarse como inspiración o referencia para el diseño. Los archivos incluidos en los CD de The Pepin Press tienen un tamaño suficiente para la mayoría de las aplicaciones, y los nombres de archivo se corresponden con los números de página o de imagen utilizados en el libro. Para muchas de las imágenes hay disponibles archivos más grandes o archivos vectoriales, que pueden encargarse a The Pepin Press.

Si ha comprado este libro, puede utilizar libremente las imágenes incluidas en el CD para:
• cualquier propósito particular, no profesional y no comercial;
• diseño web, siempre que utilice un máximo de 10 imágenes por proyecto;
• uso comercial de poca envergadura (por ejemplo, folletos con una tirada inferior a los 5.000 ejemplares en los que no se usen más de cinco imágenes nuestras).

Se necesita autorización para la utilización de las imágenes:
• en otras publicaciones;
• para un uso comercial de amplia difusión;
• para la decoración de artículos de lujo;
• en campañas publicitarias importantes.

En caso de duda, le rogamos que se ponga en contacto con nosotros. Nuestra política de autorización es muy razonable y, en los casos en que se aplican tarifas, estas tienden a ser mínimas. En cualquier caso, agradecemos que nos envíen ejemplos de trabajos en los que se hayan utilizado nuestras imágenes.

Queda prohibida toda distribución de material de The Pepin Press que exceda de cualquier modo los límites mencionados.

Para consultas sobre autorizaciones y tarifas, póngase en contacto con:
mail@pepinpress.com
Fax +31 20 4201152

## Art Déco
el gran estilo popular del siglo xx

El art déco se manifestó en la arquitectura, el mobiliario, los estampados, el diseño escénico y la moda; incluso en la pintura. Los diseñadores art déco supieron aprovechar los entusiasmos populares de su época. Los estilos pasados se asociaban a los fracasos, tanto políticos como sociales, en los que había incurrido Europa en el pasado, fracasos que culminaron en la hecatombe de 1914. El art déco fue una reacción inconsciente y espontánea a los horrores de la guerra. Fue un estilo alegre.

La corriente art déco deriva su nombre de la inmensa «Exposition Internationale des Arts Décoratifs et Industriels Modernes» celebrada en París en 1925. El art déco, al igual que su predecesor el art nouveau, era un estilo ecléctico. Los diseñadores se servían de los hallazgos pictóricos de los artistas de vanguardia. Los colores llamativos y los temas poco familiares del ballet ruso ejercieron una acusada influencia. Las artes asiáticas constituían una fuente inagotable de formas y motivos. Los descubrimientos arqueológicos propiciaron la fascinación por Egipto y la América precolombina. También el arte africano sirvió de inspiración a los diseñadores art déco.

Era este un estilo elitista y popular. El mismo estilo art déco podía decorar una joyería parisina de buen tono o el cine de una apagada ciudad obrera. No es de extrañar que los posmodernistas, deseosos de popularizar la arquitectura y el diseño, redescubriesen el art déco en las décadas de los setenta y ochenta.

La colección art déco que se ofrece a continuación demuestra poseer un estilo infinitamente adaptable y tan delicioso hoy como lo era en el momento de su creación.

Stuart Durant

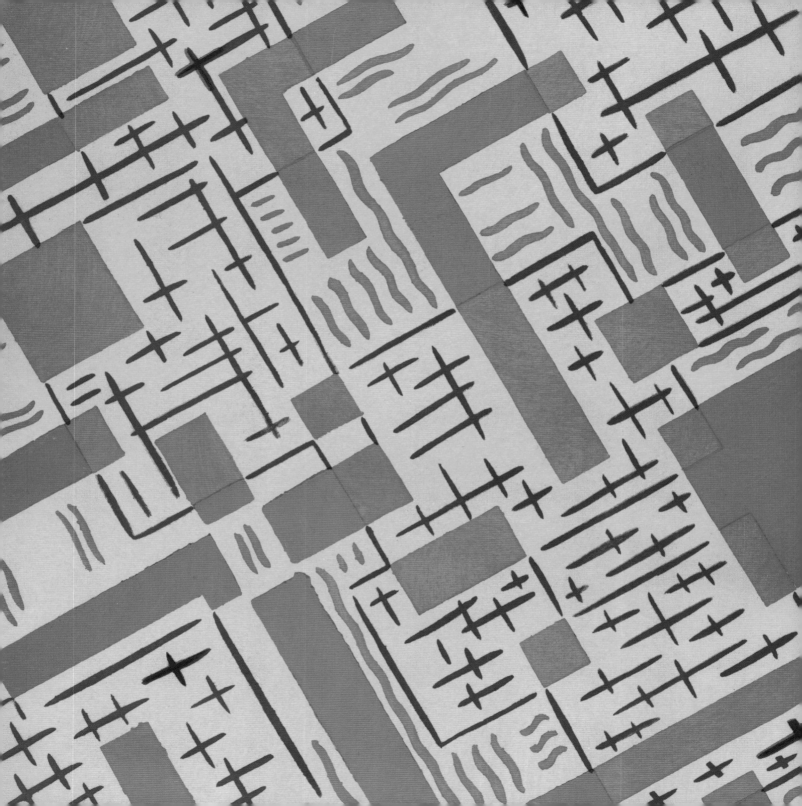

## CD e i diritti delle immagini

Le immagini di questo libro sono riunite nel CD accluso e possono essere usate come fonte d'ispirazione o risorsa grafica. I file contenuti nei CD della Pepin Press possono essere utilizzati nella maggior parte delle applicazioni e i nomi dei file corrispondono ai numeri delle pagine oppure delle immagini del libro. Le dimensioni dei file sui CD-ROM della Pepin Press sono adatte alla maggior parte delle applicazioni. In ogni caso sono disponibili file più grandi o vettoriali che possono essere ordinati alla Pepin Press stessa.

Se avete comprato questo libro, potete utilizzare le immagini contenute nel CD allegato per:
• tutti gli scopi privati, non professionali e non commerciali;
• il web design, se utilizzate 10 o meno di 10 immagini per ogni progetto e/o
• un uso commerciale su scala ridotta (per esempio: depliant con una tiratura inferiore o pari a 5000 copie in cui non vengano usate più di cinque delle nostre immagini).

Dovete chiedere il permesso per usare le immagini:
• in pubblicazioni di altro tipo,
• per un uso commerciale su vasta scala,
• per la decorazione di beni di lusso e/o
• per l'utilizzo in campagne pubblicitarie di aziende di grande rilevanza.

Qualora abbiate dei dubbi, siete pregati di contattarci. Concediamo il permesso all'utilizzo delle nostre immagini in base a regole semplici e ragionevoli, e le tariffe che applichiamo, se le applichiamo, tendono a essere minime. In ogni caso siamo ben lieti di ricevere copie dei lavori in cui sono state impiegate le nostre immagini.

È proibita la distribuzione del materiale della Pepin Press in ogni altra forma e per ogni altro scopo.

Per ricevere ulteriori informazioni sui permessi e le tariffe, per favore contattateci ai seguenti recapiti:
mail@pepinpress.com
Fax +31 20 4201152

## Art Déco
il grande stile popolare del ventesimo secolo

L'art déco abbracciava l'architettura, l'arredamento, i tessuti, l'allestimento scenico, la moda e perfino la pittura. Gli artisti déco assecondavano i gusti più diffusi del periodo. Gli stili del passato venivano associati agli insuccessi politici e sociali che l'Europa stessa aveva prodotto. Tale serie di fallimenti culminò con il cataclisma che rappresentò la guerra del 1914–18. L'art déco fu una risposta spontanea e inconscia agli orrori della guerra. Fu uno stile gioioso.

Il movimento art déco prese il nome dalla grande "Exposition Internationale des Arts Décoratifs et Industriels Modernes", tenutasi a Parigi nel 1925. L'art déco, come il precedente movimento art nouveau, era uno stile eclettico e traeva ispirazione da diverse fonti. I designer attingevano dalle invenzioni pittoriche delle avanguardie artistiche contemporanee. I colori eccitanti ed i temi insoliti dei balletti russi, esercitavano una forte influenza molto particolare. Le arti asiatiche costituivano una sorgente inesauribile di forme e motivi. Le scoperte archeologiche promuovevano il fascino per l'Egitto e per l'America precolombiana mentre l'arte africana infondeva energia nei designer déco, uno stile elitario e allo stesso tempo popolare.

Tanto una gioielleria di un'elegante strada parigina, come un cinema di una grigia città industriale potevano presentare le stesse decorazioni in stile déco. Non c'è da sorprendersi, quindi, se il post-modernismo, con il suo affanno per popolarizzare l'architettura ed il design, abbia poi riscoperto l'art déco negli anni Settanta ed Ottanta.

La presente collezione di motivi decorativi art déco mostra uno stile che continua ad adattarsi ai tempi e che mantiene oggi lo stesso fascino che aveva quando fu creato per la prima volta.

Stuart Durant

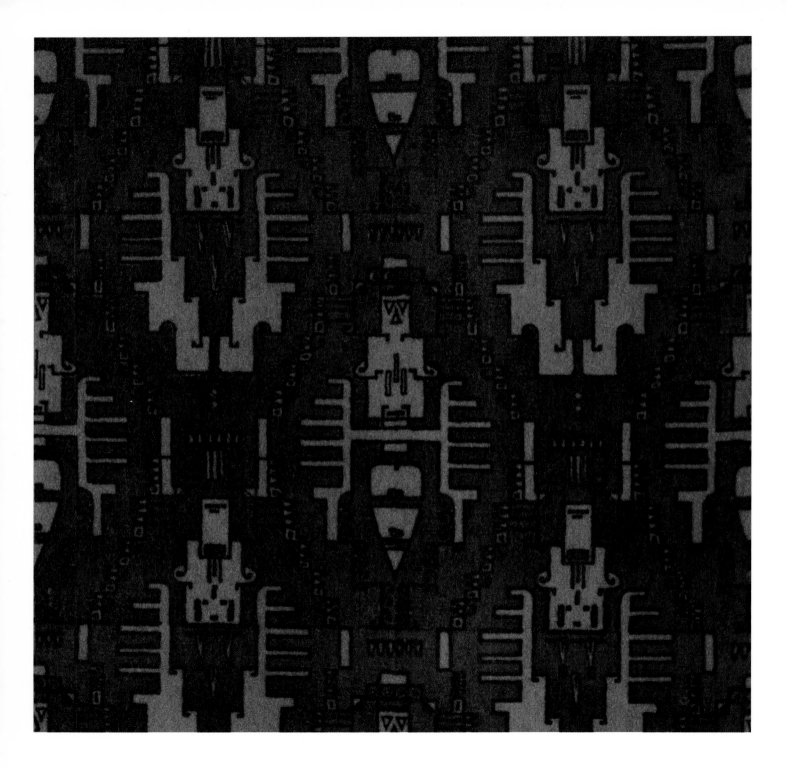

## Права на использование изображений и компакт-диска

Изображения из книги хранятся на прилагаемом CD и могут быть использованы как источник вдохновения или в качестве материалов для дизайна. Файлы, содержащиеся на компакт-дисках издательства The Pepin Press, достаточно объемны для широкого применения; названия файлов соответствуют странице и/или номеру изображения в книге. Для многих изображений используются векторные файлы и/или файлы большого размера. Их можно заказать в издательстве The Pepin Press.

В случае покупки данной книги изображения, содержащиеся на прилагаемом компакт-диске, можно свободно использовать в нижеперечисленных случаях:
• для частных, любительских и некоммерческих проектов;
• для разработки веб-сайтов при условии использования не более 10 изображений для каждого проекта;
• для коммерческого использования в небольших масштабах (например: для печати брошюр тиражом, не превышающим 5000 копий, при условии использования не более 5 наших изображений).

В нижеперечисленных случаях для использования изображений требуется разрешение:
• применение в других публикациях;
• для коммерческого использования в большом масштабе;
• при оформлении предметов роскоши;
• использование в крупных рекламных кампаниях.

Свяжитесь с нами, если у вас возникли какие-либо вопросы. Мы придерживаемся весьма приемлемой политики разрешений, а оплата наших услуг минимальна или вовсе отсутствует. Мы всегда рады видеть проекты, в которых были использованы наши изображения.

Распространение материалов издательства The Pepin Press в форме и способами, не оговоренными выше, запрещено.

Чтобы узнать об условиях оплаты и получения разрешения, свяжитесь с нами:
mail@pepinpress.com
Факс: +31 20 4201152

# Bibliography

Les années "25" : Art Déco, Bauhaus, Stijl, Esprit Nouveau. Paris : Musée des arts décoratifs, 1966. *Exhibition catalogue.*

ATTERBURY, Paul. Art deco patterns : a design source book. London : Studio Editions (c1990).

BATTERSBY, Martin. The decorative twenties. London : Studio Vista, 1969.

BAYER, Patricia. Art deco architecture : design, decoration and detail from the twenties and thirties. London : Thames and Hudson (c1992).

BÉNÉDICTUS, Édouard. Nouvelles variations : 75 motifs décoratifs en 20 planches. Paris (c1929).

BÉNÉDICTUS, Édouard. Relais 1930 : quinze planches donnant quarante-deux motifs décoratifs. Paris : Vincent, Fréal (1930). *Pochoir plates by Jean Saudé.*

BÉNÉDICTUS, Édouard. Variations. Paris, 1924. *Pochoir plates by Jean Saudé.*

BENTON, Charlotte, BENTON, Tim and WOOD, Ghislaine (editors). Art Deco 1910–1939. London : Victoria and Albert Museum, 2003. *Exhibition catalogue.*

BERENTS, Catharina, Art déco in Deutschland : das moderne Ornament. Frankfurt am Main : Anabas-Verlag, 1998.

BRUNHAMMER, Yvonne (editor). Cent chefs-d'œuvre du Musée des arts décoratifs. Paris : Le Musée (c1964). *Published in connection with Centenaire de l'Union centrale des arts décoratifs, 1864-1964.*

CABANNE, Pierre. Encyclopédie art déco. Paris (c1982).

CHAVANCE, René. Exposition des arts décoratifs et industriels modernes : une fête de gout moderne. Paris, 1925.

CLOUZOT, Henri. Le décor moderne dans la tenture et le tissu. Paris (c1929).

CLOUZOT, Henri. Papiers peints et tentures modernes : toiles et cretonnes imprimées. Paris (c1929).

DELAUNAY, Sonia. Tapis et tissues. Paris : Moreau (c1929). From the series : L'art international d'aujourd'hui. *Carpets and fabric designs by Albers, Delaunay, Eileen Gray, Hoffmann, Léger, Lurçat, Popova, Stepanova, Valmier etc.*

DESHAIRS, Léon. Modern French Decorative Art. London, Architectural Press (c1926).

DESHAIRS, Léon. Exposition internationale des arts décoratifs et industriels modernes : Rapport générale. Paris : Larousse, 1925, 12 volumes. *The official report on the exhibition and one of the most important sources for Art Déco.*

GARCELON, A. Inspirations : 80 motifs en couleur. Paris (1920s).

GLADKY, Serge. Fleurs : texte et vingt-six planches en couleurs. Paris (c1929).

GLADKY, Serge. Nouvelles compositions décoratives. Paris (c1931).

HILLIER, Bevis. Art deco of the 20s and 30s. London : Studio Vista, 1968.

IRIBE, Paul. Choix. Paris, 1930. *Designs for upholstery fabrics, furniture, lighting, jewellery, hats and fashions.*

KLEIN, Dan, McCLELLAND, Nancy A. and HASLAM, Malcolm. In the deco style. London : Thames and Hudson, 1987. Originally published: New York : Rizzoli, 1986.

LEONHARDT, Richard. Motiven für moderne ornamentale Malerei. Leipzig, 1927.

LUSSIER, Suzanne. Art Deco Fashion. London : Victoria & Albert Museum, 2003.

MENTEN, Theodore. The art deco style in household objects, architecture, sculpture, graphics, jewellery. New York : Dover Publications, 1972.

MOUSSINAC, Léon. Étoffes d'ameublement tissées et brochées. Paris, 1924.

MOUSSINAC, Léon. Tapis. Paris, 1925. *Carpets designed by Da Silva Bruhns, Dufrène, Follot, Gabriel, Herbst, Jallot, Nathan, Ruhlmann, Süe & Mare.*

PROU, René. Intérieurs au Salon des Artistes Décorateurs Paris 1928. Paris, 1928. *Interiors by Dufrène, Jallot, Perriand, Printz, Renaudot, Ruhlmann, Saddier.*

QUÉNIOUX, Gaston. Les arts décoratifs modernes (France). Paris : Larousse (c1925).

ROWE, William. Original art deco designs : 80 plates. New York, Dover Publications (1973). *Art déco pastiches.*

SAMUELS, Charlotte. Art Deco Textiles. London : Victoria and Albert Museum, 2003.

SAUDÉ, Jean. Kaleidoscope : Ornements abstraits : quatre-vingt-sept motifs en vingt planches. Paris (c1927).

SAUDÉ, Jean. Traité d'enluminure d'art au pochoir, etc. Paris, 1925.

SAUDÉ, Jean. Variations : 86 motifs décoratifs en 20 planches. Paris, Edouard Bénédictus (c1927).

SÉGUY, E.-A. (Eugène-Alain). Bouquets et frondaisons. Paris, 1926. *20 pochoir plates showing 60 designs.*

SÉGUY, E.-A. Insectes : 20 planches en phototypie coloriées au patron, donnant quatre-vingts insectes et seize compositions décoratives. Paris (c1928).

SÉGUY, E.-A. Papillons : 20 planches en phototypie coloriées au patron donnat 81 papillons et 16 compositions décoratives. Paris : Duchartre et van Buggenhoudt (c1926).

SÉGUY, E.-A. Prismes ; 40 planches de dessins et coloris nouveaux. Paris, C. Moreau (c1930).

SÉGUY, E.-A. Samarkande : 20 compositions en couleurs dans le style oriental. Paris (1920s).

SÉGUY, E.-A. Suggestions pour étoffes et tapis. Paris (c1923).

SMITH, Hubert Llewellyn. Reports on the present position and tendencies of the industrial arts as indicated at the International Exhibition of Modern Decorative and Industrial Arts, Paris, 1925. With an introductory survey. (London) : Department of Overseas Trade, 1927 (Harrow : H.M.S.O. Press).

THOMAS, Aug. H. Formes et couleurs : Vingt planches en couleurs contenant soixante-sept motifs décoratifs. Paris (1920s).

TITZE, Walter Karl. Birds in Design. San Francisco (c1930).

VAN de VELDE, Henry (introduction). Le style moderne : contributions de la France. Paris : Librairie des arts décoratifs (1925).

WOOD, Ghislaine. Essential Art Deco. London : Victoria and Albert Museum, 2003.

*[Handwritten annotations:]*

— died 1985

— died 1944.

70 years after death. So no new.
76 years after his death!!!

Thomas Auguste H.

He made drawings from ten — In a Dover publication so copyright free as long as not using more than ten in same publication.

Sourced from BETWEEN THE COVERS website

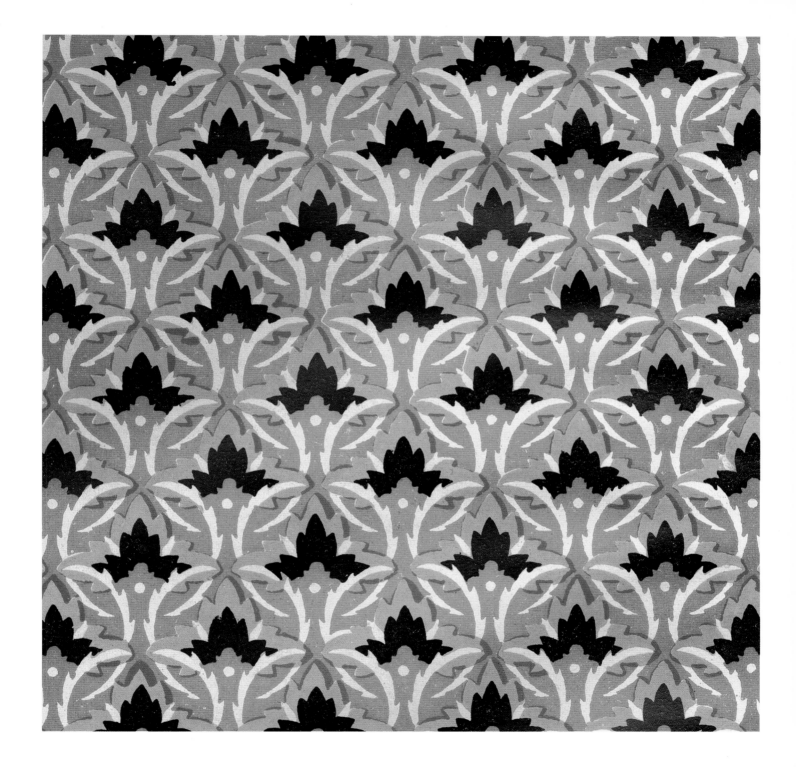

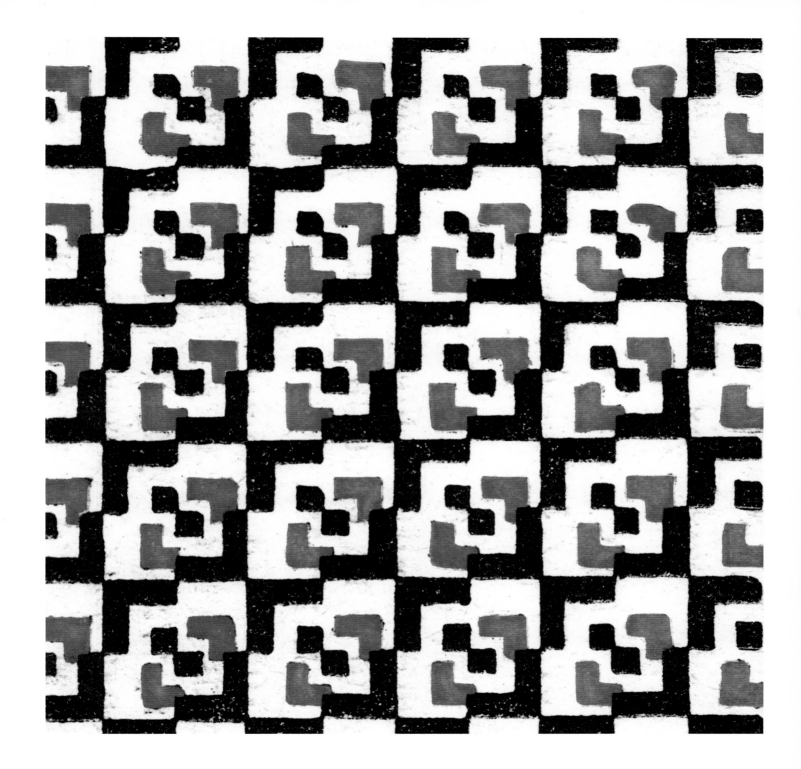

34

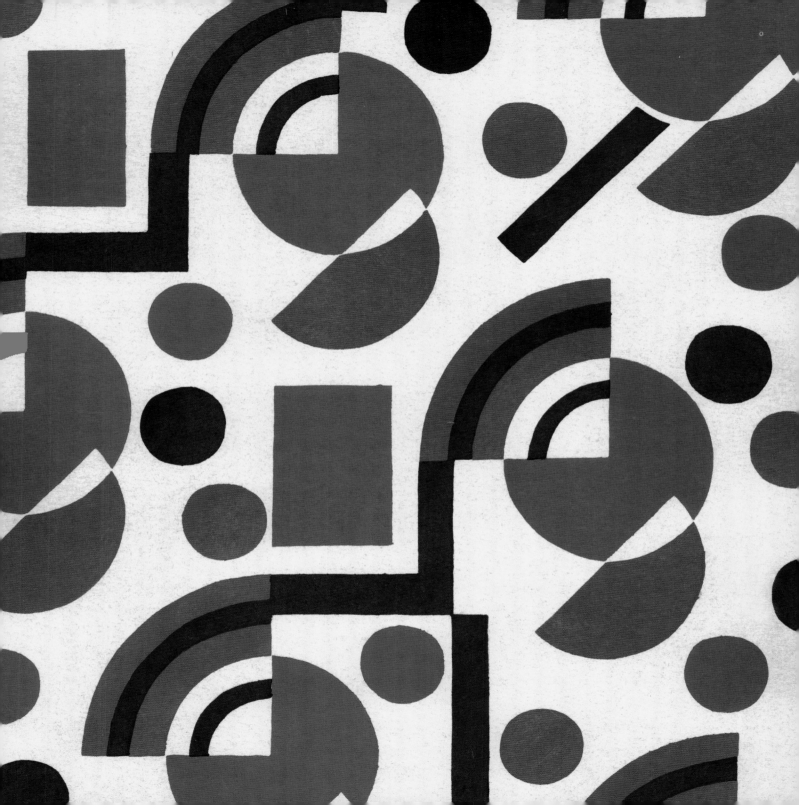

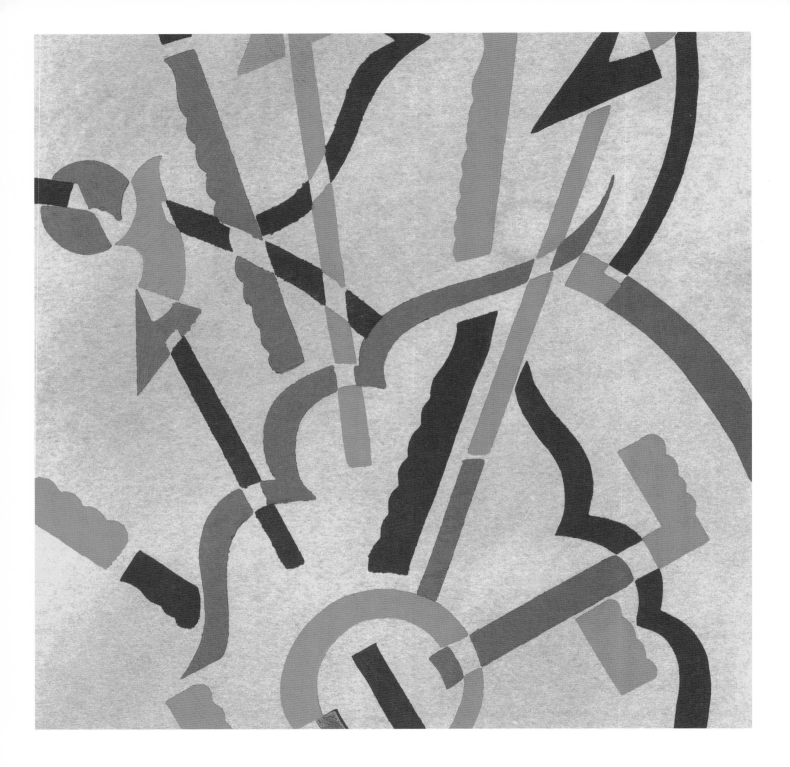

44

56

58

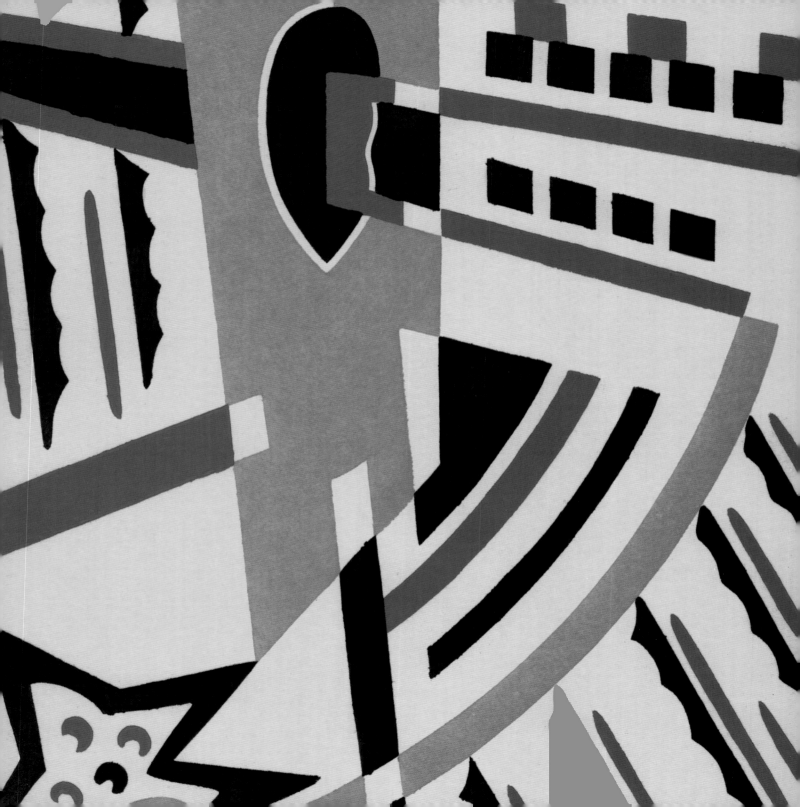

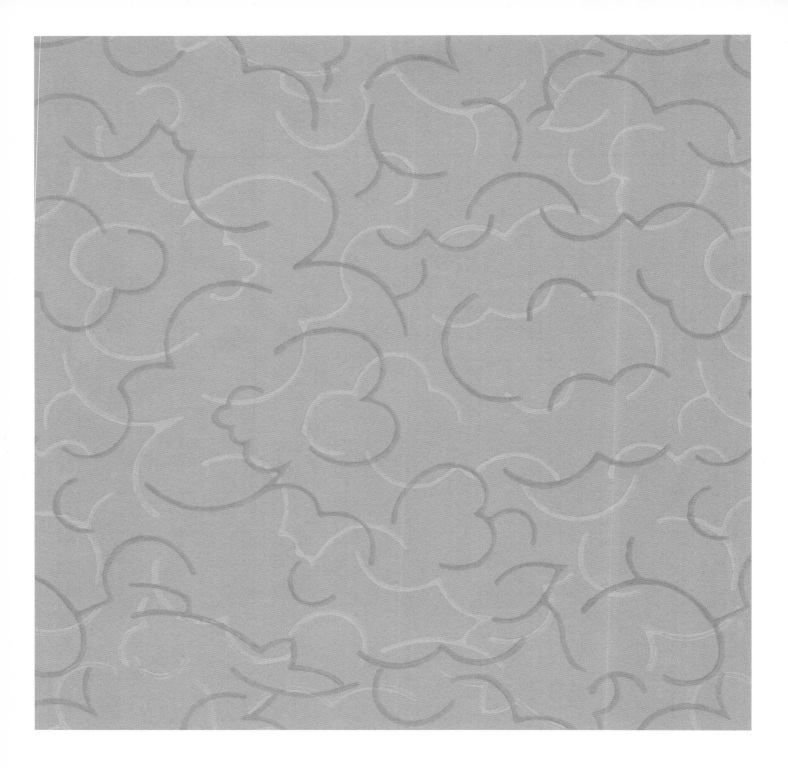

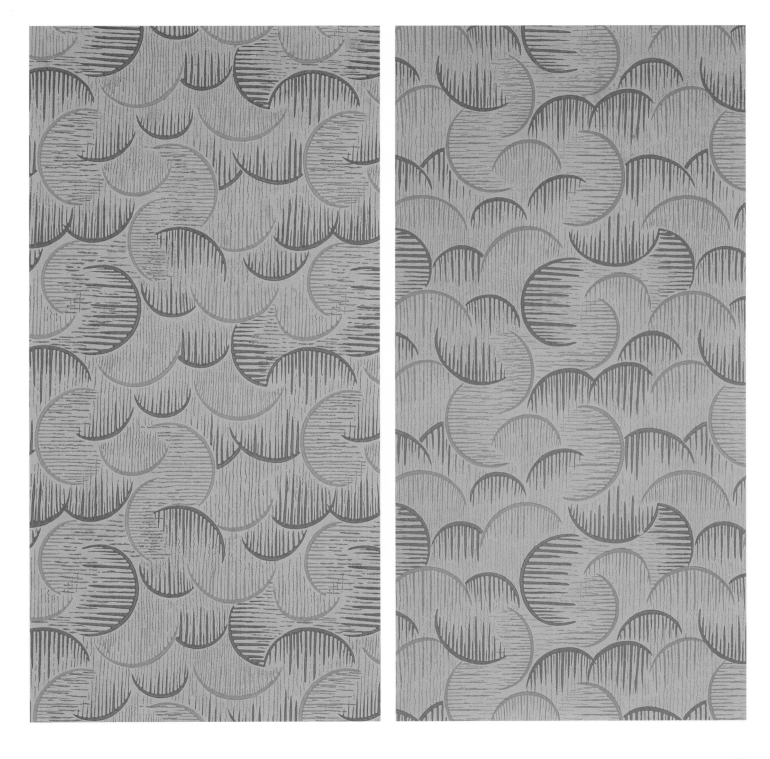

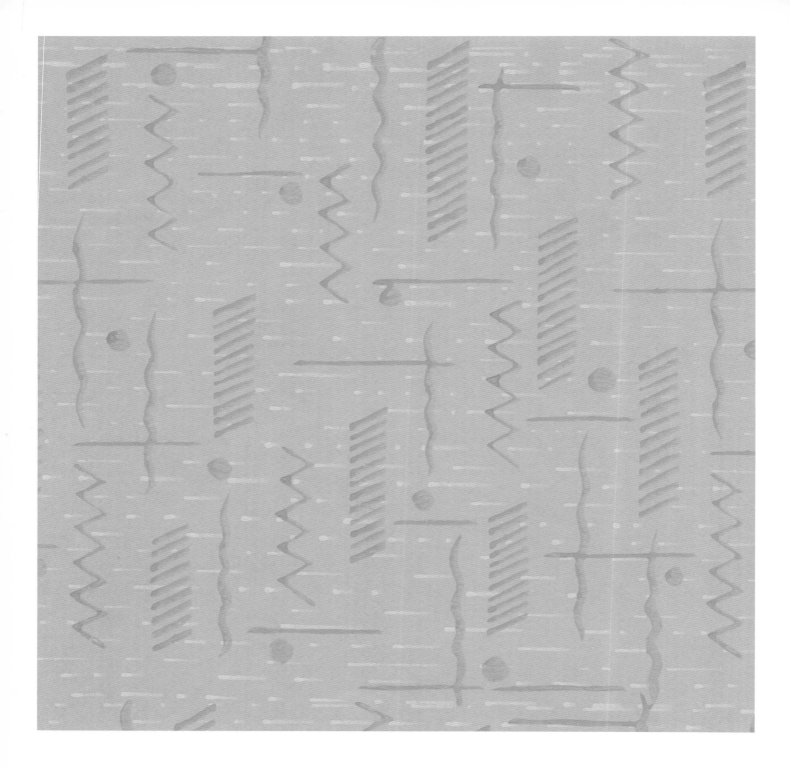

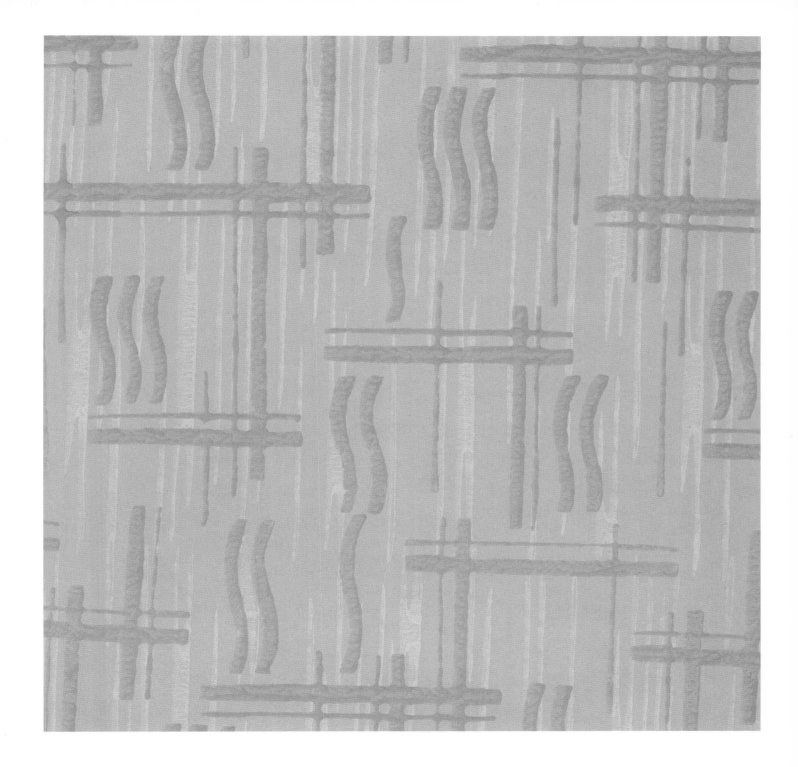

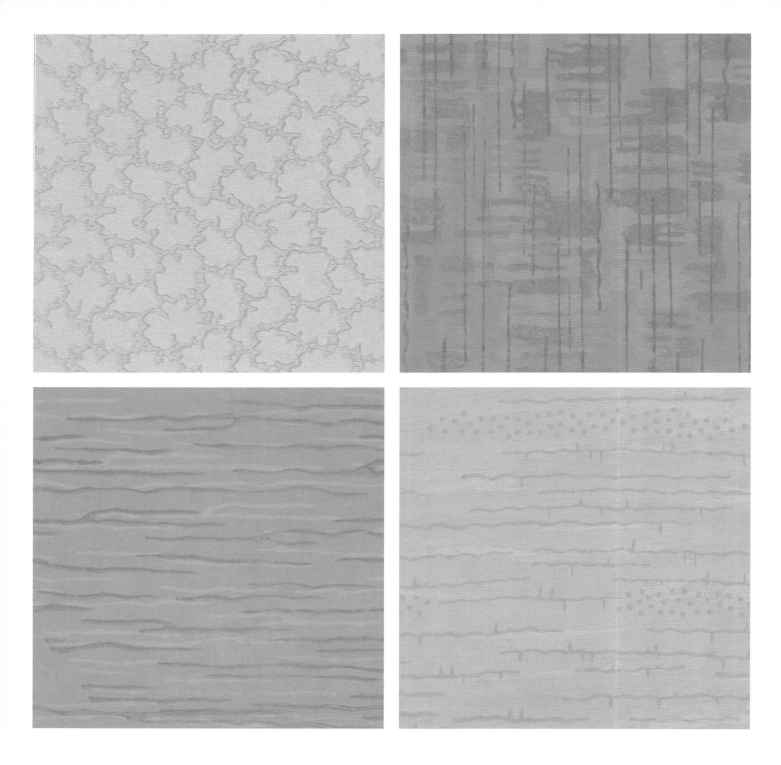

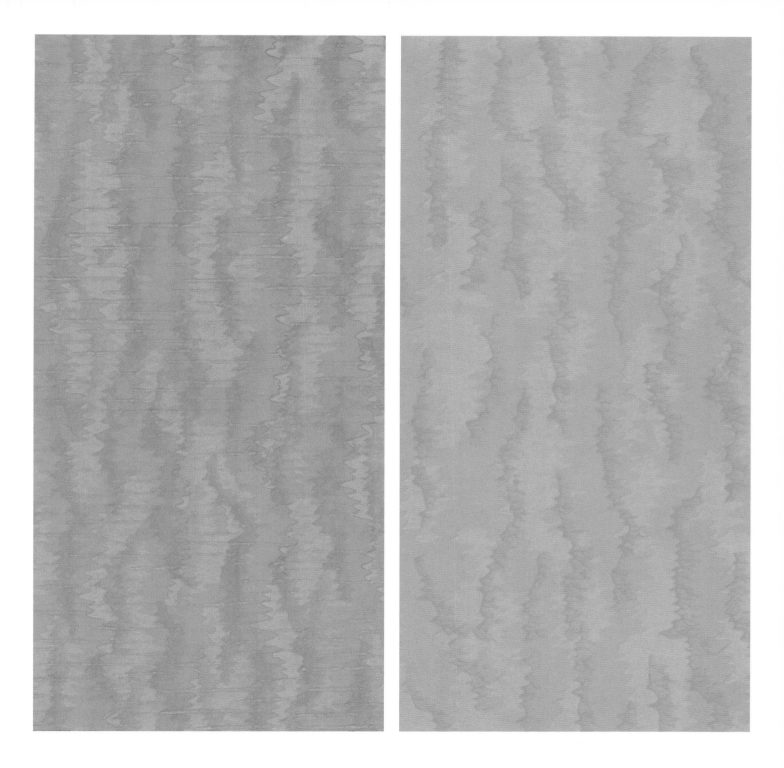

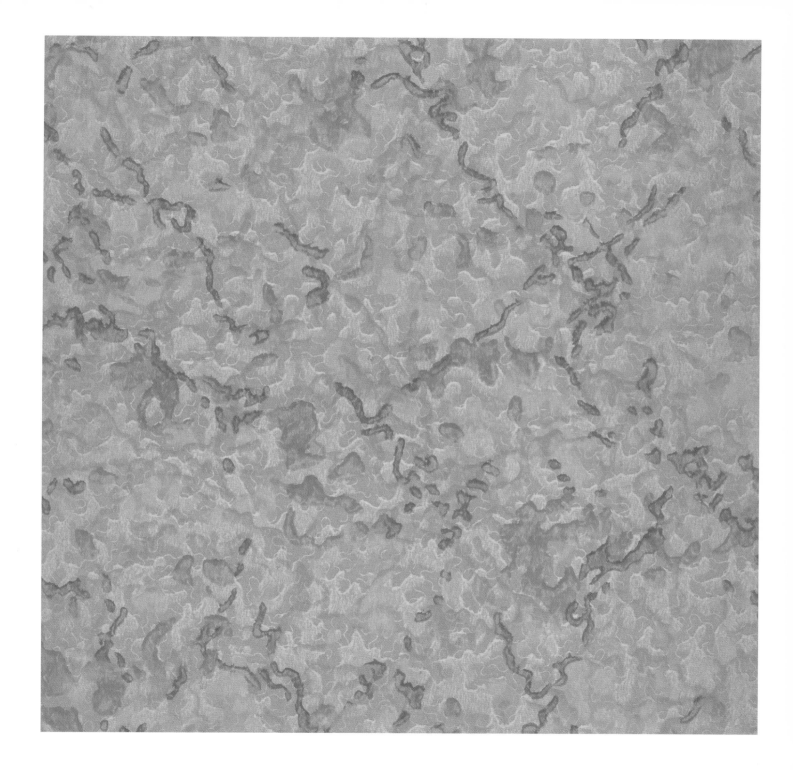

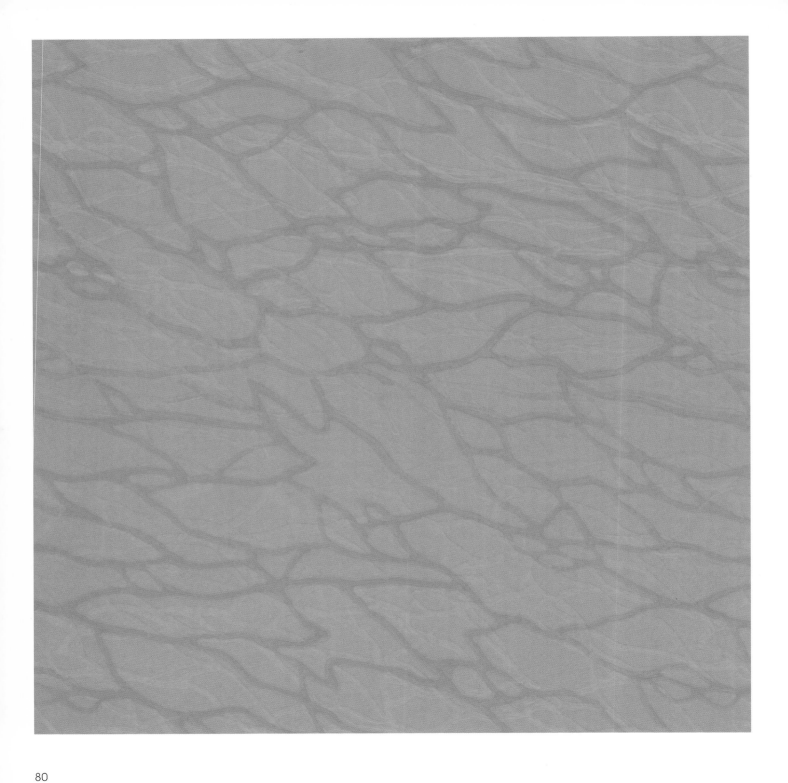

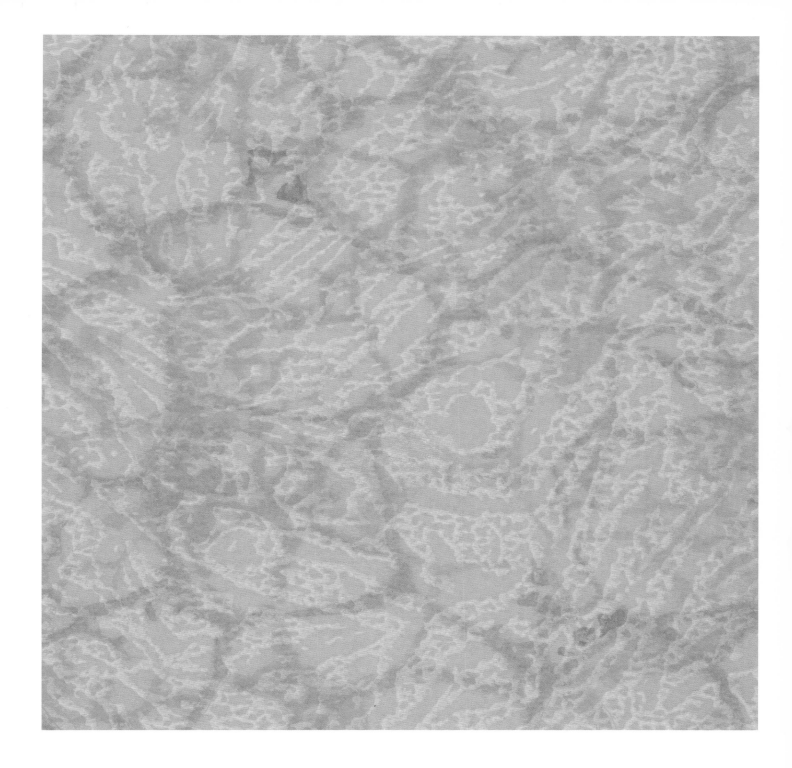

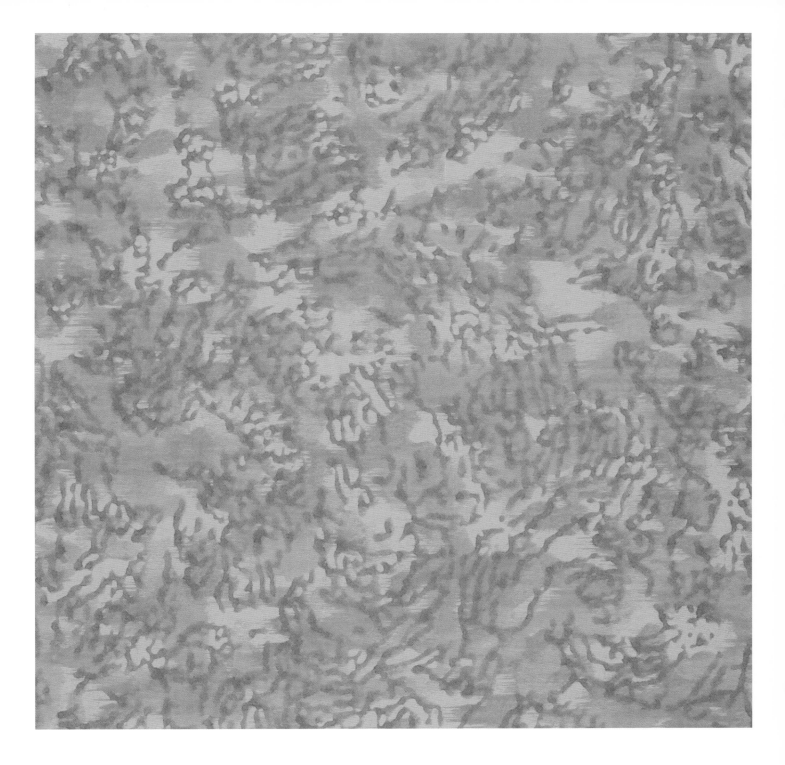

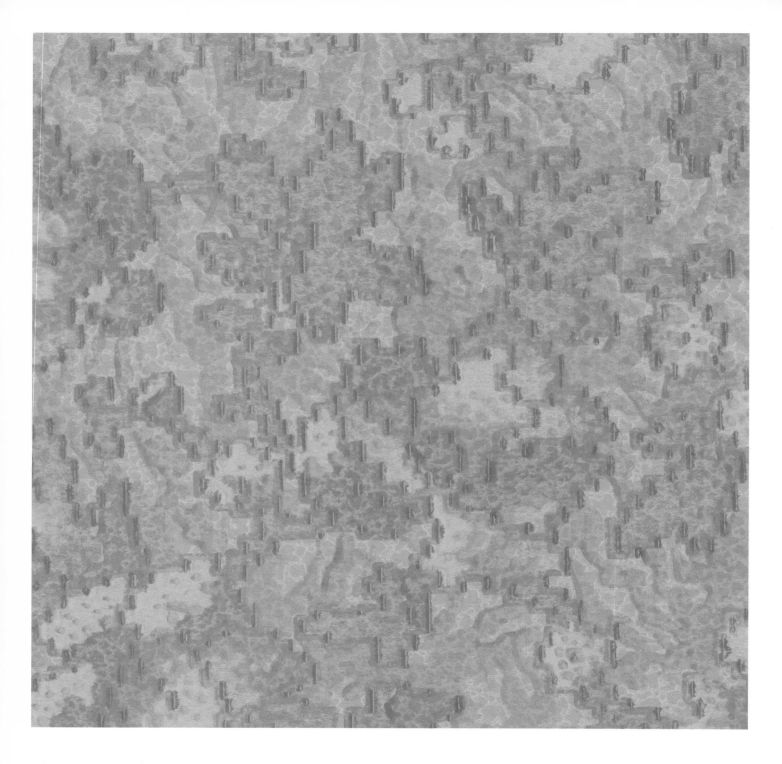

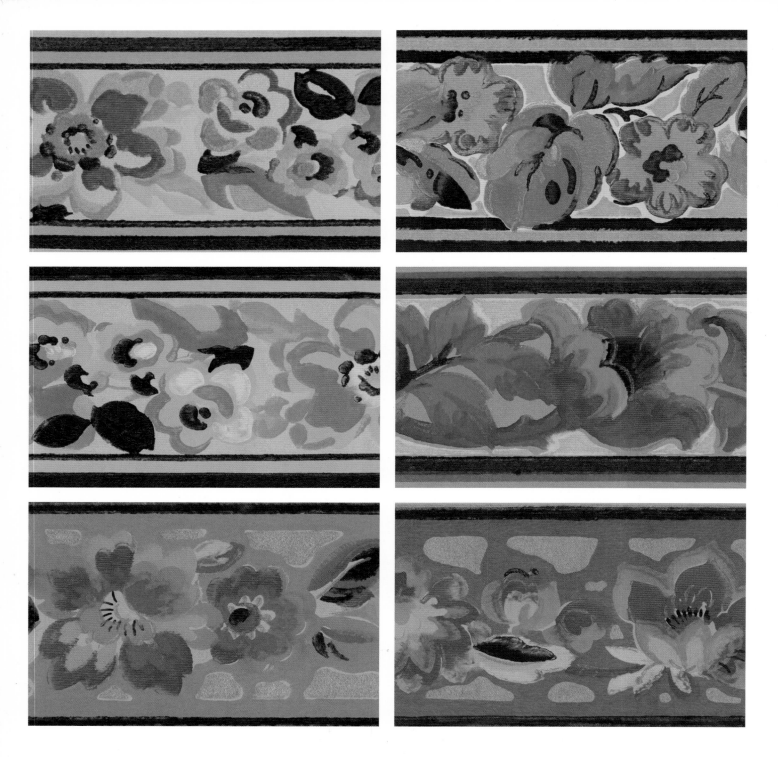

101

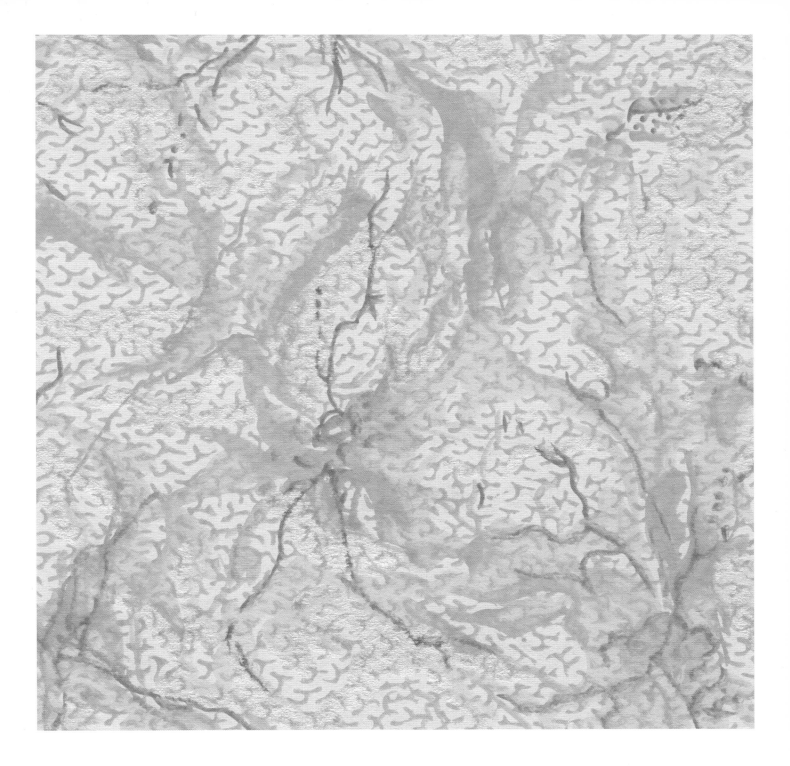

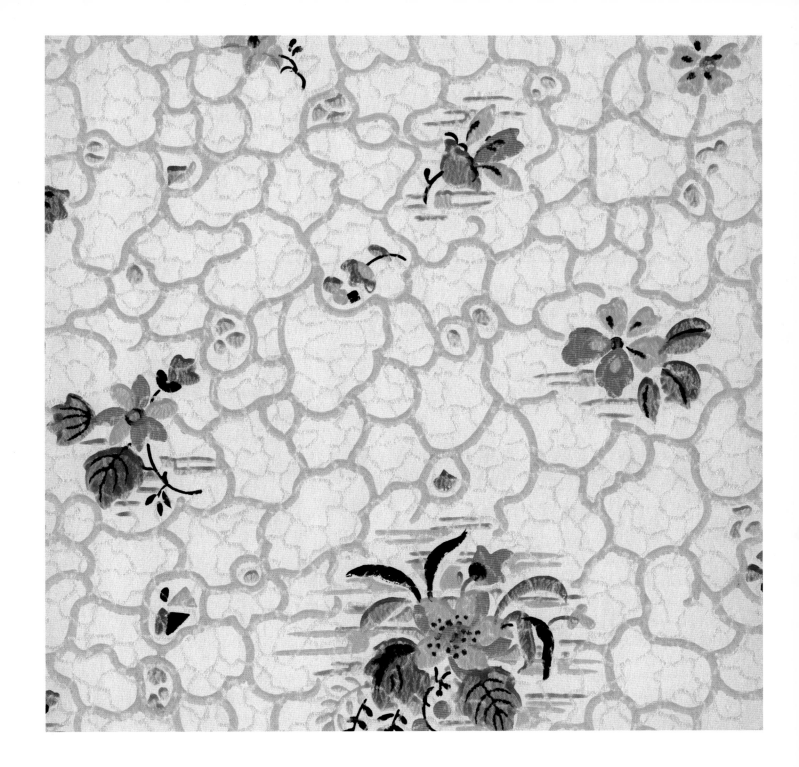

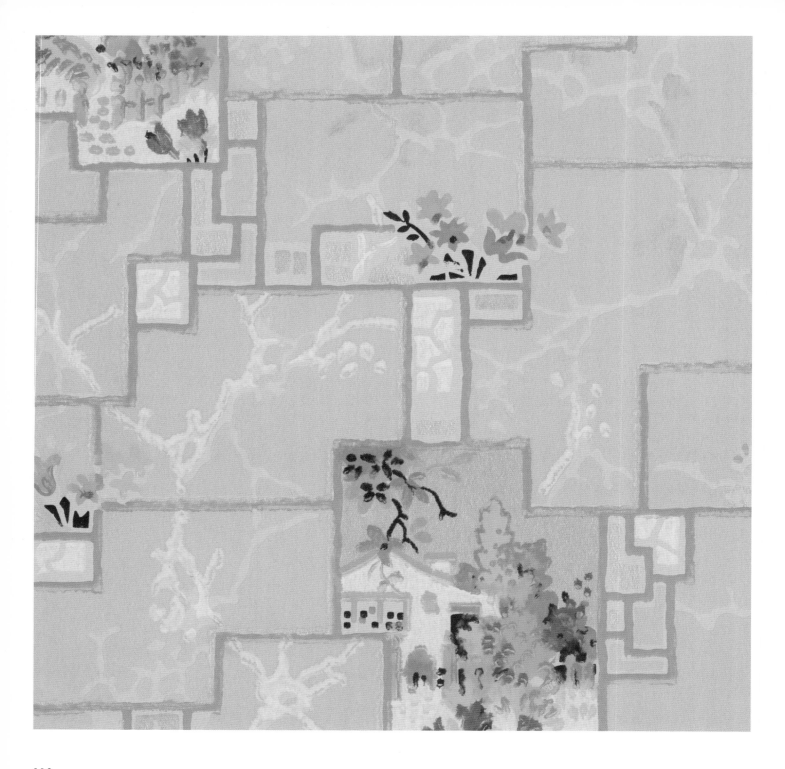

113

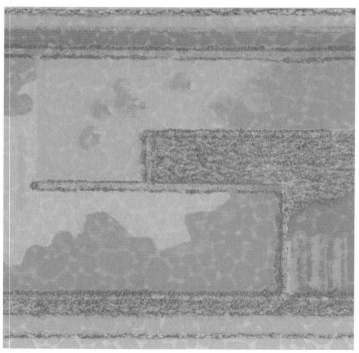 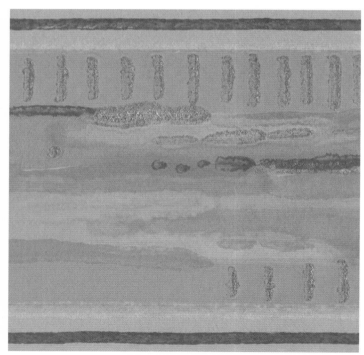

114

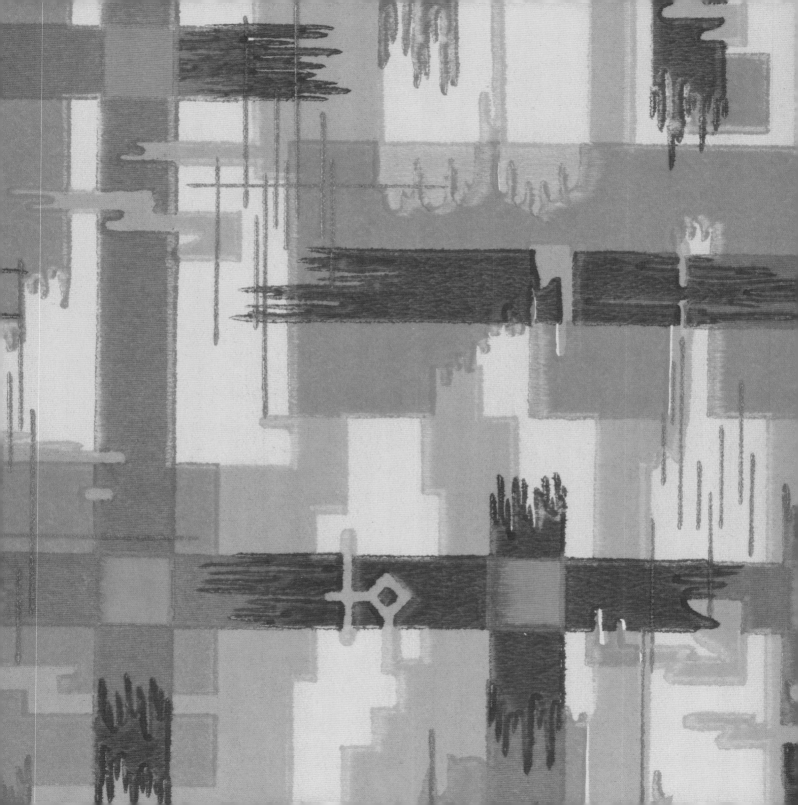

124

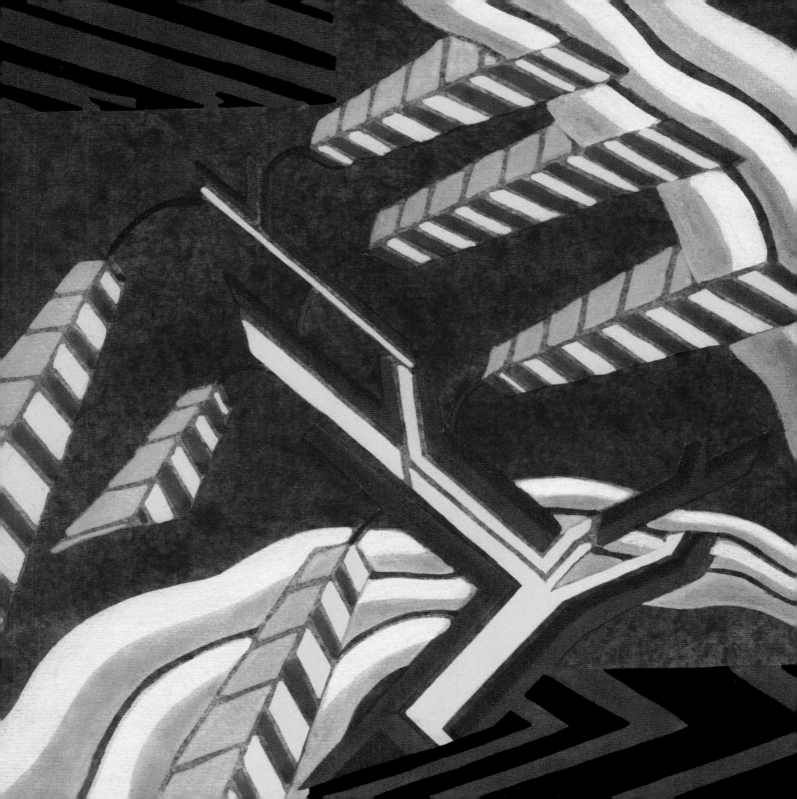

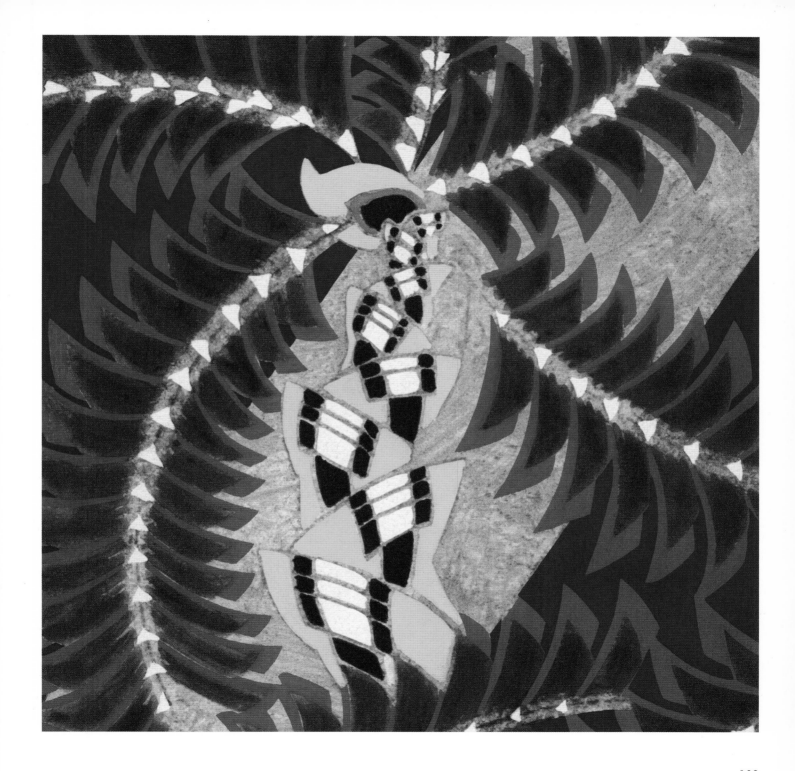

140

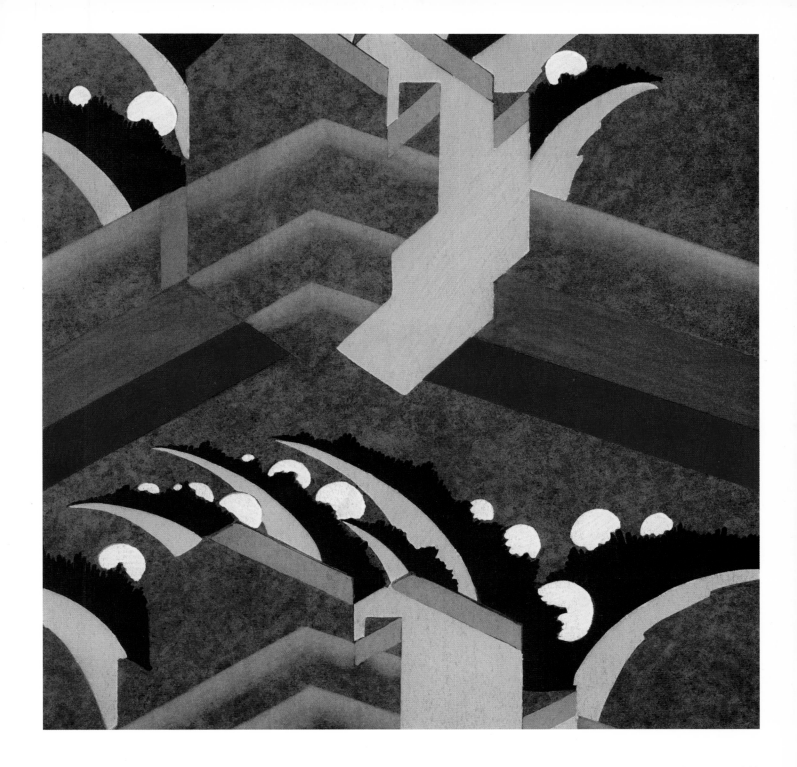

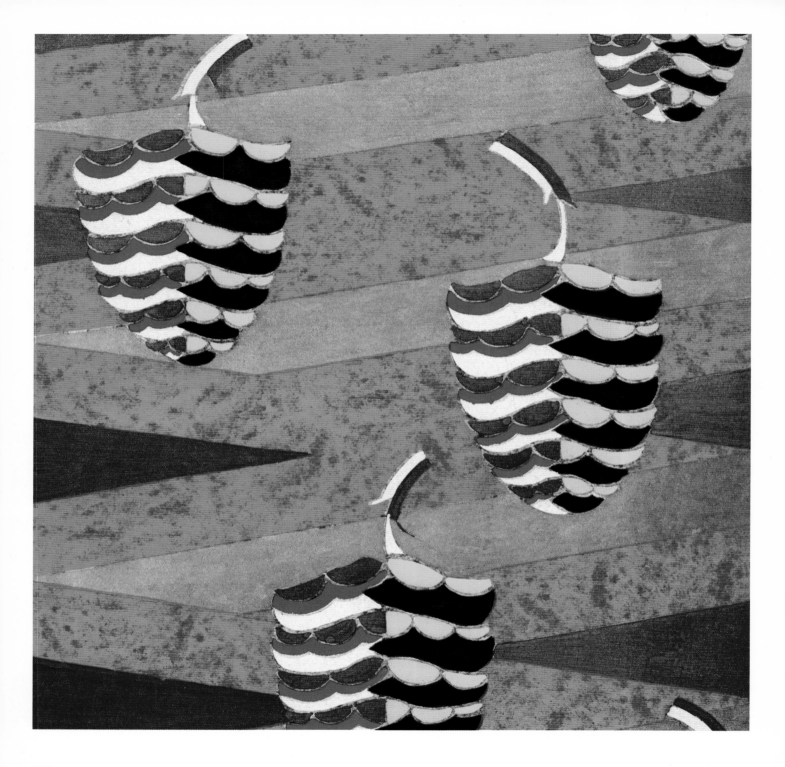

143

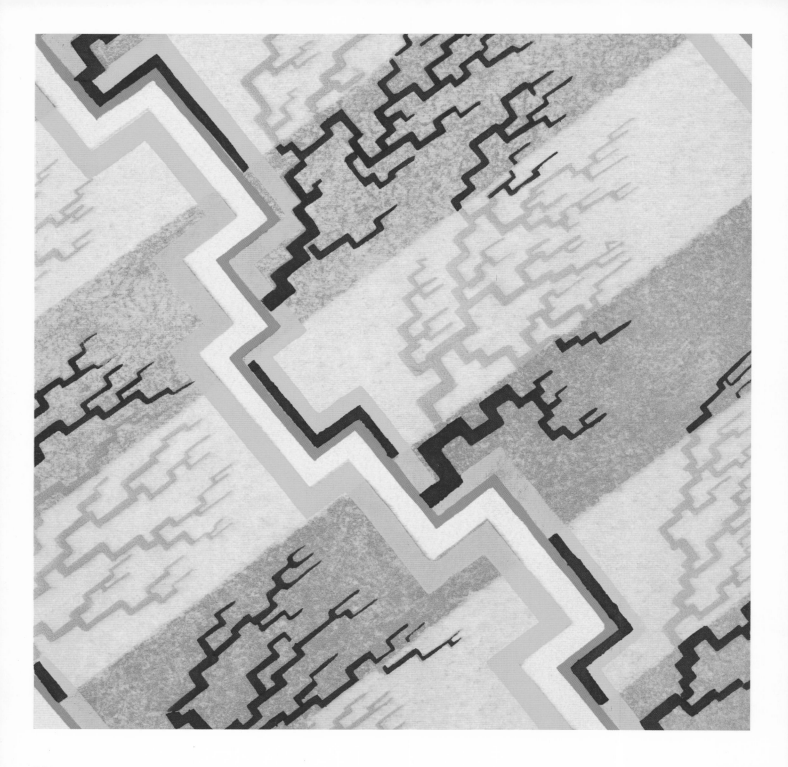

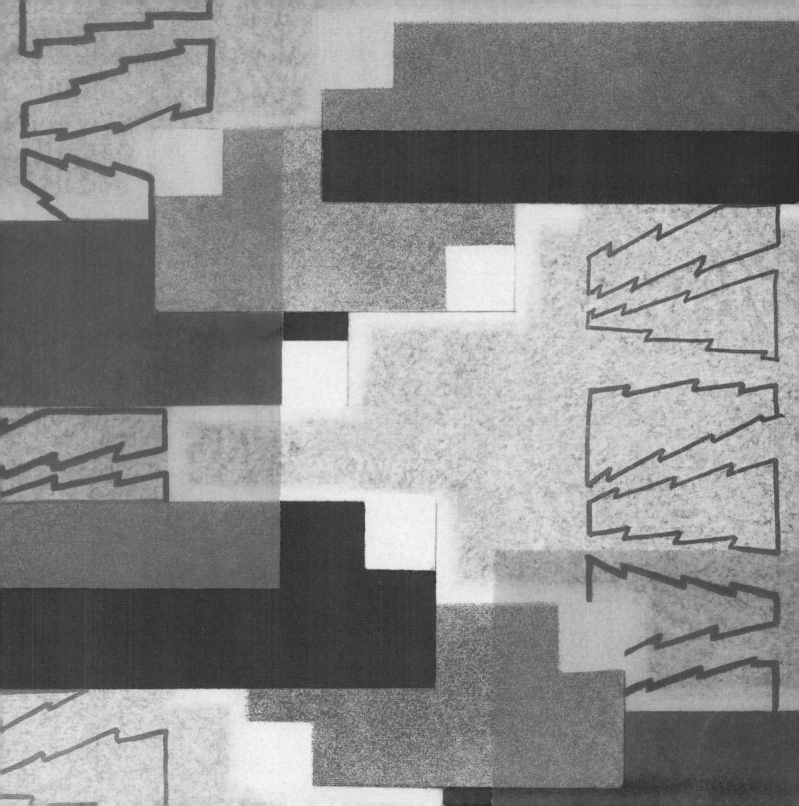

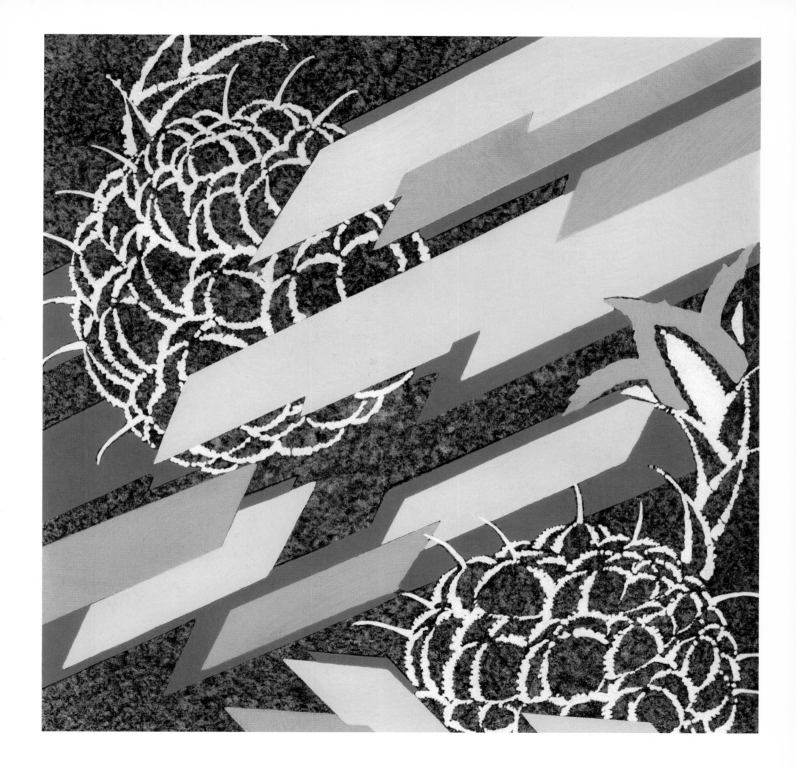

159